BEI GRIN MACHT SICH IH
WISSEN BEZAHLT

Daniel Szameitat, Martin Haug, Christian Bosch

Client-Server-Socket Programmierung: Unterstützung in unterschiedlichen Programmiersprachen

Mit Fallbeispielen

GRIN Verlag

Bibliografische Information der Deutschen Nationalbibliothek:

Die Deutsche Bibliothek verzeichnet diese Publikation in der Deutschen National-
bibliografie; detaillierte bibliografische Daten sind im Internet über http://dnb.d-
nb.de/ abrufbar.

Impressum:

Copyright © 2013 GRIN Verlag GmbH
Druck und Bindung: Books on Demand GmbH, Norderstedt Germany
ISBN: 978-3-656-48458-5

Dieses Buch bei GRIN:

http://www.grin.com/de/e-book/231487/client-server-socket-programmierung-
unterstuetzung-in-unterschiedlichen

GRIN - Your knowledge has value

Der GRIN Verlag publiziert seit 1998 wissenschaftliche Arbeiten von Studenten, Hochschullehrern und anderen Akademikern als eBook und gedrucktes Buch. Die Verlagswebsite www.grin.com ist die ideale Plattform zur Veröffentlichung von Hausarbeiten, Abschlussarbeiten, wissenschaftlichen Aufsätzen, Dissertationen und Fachbüchern.

Besuchen Sie uns im Internet:

http://www.grin.com/

http://www.facebook.com/grincom

http://www.twitter.com/grin_com

Client-Server-Socket Programmierung: Unterstützung in unterschiedlichen Programmiersprachen mit Fallbeispielen

Studienarbeit zur Vorlesung Rechnernetze

von

Daniel Szameitat, Martin Haug und Christian Bosch

HTW Aalen

Hochschule für Technik und Wirtschaft

UNIVERSITY OF APPLIED SCIENCES

Abgabetermin: 28.02.2013

Inhalt der Ausarbeitung

Abbildungsverzeichnis

Tabellenverzeichnis

Snippets

1 Einführung

1.1 OSI-Modell

Das OSI-Modell (Open Systems Interconnection) ist ein Modell der International Organization for Standardization (ISO) zur Standardisierung der Kommunikation in Rechnernetzen. Es ordnet gegebene Dienste einer von sieben Schichten zu, wobei Dienste einer höheren Schicht die Dienste der darunterliegenden Schicht aufrufen können. Zum Beispiel kann ein Dienst der eine eindeutige Identifizierung von Netzwerkgeräten bereitstellt von der höheren Schicht aufgerufen werden um Daten an ein so identifiziertes Netzwerkgerät zu senden.

In 1 werden die Schichten des OSI-Modells aufgeführt. Diese werden im Folgenden erläutert:

1. Die Physikalische Schicht überträgt die eigentlichen Bits über das Kommunikationsmedium. Dabei kümmert sie sich um die physikalischen und elektrischen Eigenschaften des Mediums. Dazu gehören Dinge wie die korrekte Sendeleistung, welches Medium verwendet wird (z.B. Licht bei Glasfaserkabeln oder elektrische Signale bei Kupferkabeln) oder die genaueren Spezifikationen des Kabels.
   Die physikalische Schicht stellt damit eine abstrakte Schnittstelle zur Verfügung mit der einzelne Frames über ein Kabel an eine horchende Gegenstelle gesendet oder von einer solchen empfangen werden können. Sie selbst arbeitet Bitorientiert.

2. Die Sicherungsschicht überträgt einzelne Frames fehlerfrei zu einer Gegenstelle oder empfängt Frames fehlerfrei von dieser. Ist dies nicht möglich, wird ein Fehler an die höhere Schicht weitergegeben. Ein Frame ist ein einheitlich großer Block von zu übertragenden Bits. Um die fehlerfreie Übertragung gewährleisten zu können werden den Frames Prüfsummen und ggfs. auch Fehlerkorrektur-Codes hinzugefügt.
   Der Unterschied besteht darin, dass Prüfsummen zwar einen wesentlich geringeren Overhead benötigen, aber Fehler auch nur erkannt werden können. Bei Fehlerkorrektur-Codes ist es zudem auch möglich, Fehler zu korrigieren.
   Zudem stellt die Sicherungsschicht eine physikalische Identifizierung der Netzwerkgeräte bereit. Diese wird jedem Gerät fest zugewiesen und soll nicht geändert oder auf ein anderes Gerät übertragen werden.

3. Die Netzwerkschicht überträgt Datenpakete von einem Netzwerkgerät zu einem anderen, wobei auch mehrere Zwischenstationen möglich sind, und stellt eine logische Identifizierung bereit. Eine logische Identifizierung ist keinem Gerät fest zugeordnet und kann geändert, sowie mehreren Geräten gleichzeitig oder nacheinander zugeordnet werden.

Um Datenpakete zu einem Netzwerkgerät zu übertragen ist es notwendig die möglichen Routen im Netzwerk in so genannten Routingtabellen festzuhalten. Dies kann statisch eingetragen werden, wird heute aber normalerweise dynamisch erledigt.

Ein Paket besteht aus einem Datensatz, einer Quelle, einem Ziel und einer Laufnummer und hat eine variable Länge.

4. Die Transportschicht dient der Segmentierung des Datenstroms und die Vermeidung von Datenstaus. Bei einem Datenstau kommen mehr Pakete bei einem Gerät an, als dieses verarbeiten kann. Meist passiert dies dadurch, dass eine große Zahl von anderen Geräten einen Pfad im Netzwerk (eine Route) gewählt haben, der über das überforderte Gerät führt. In der Transportschicht werden solche Staus erkannt und alternative Routen gewählt.

5. Die Session-Schicht stellt einen abstrakten Kommunikationskanal zwischen zwei Benutzern bereit. Dazu kümmert sie sich um den Verbindungsauf und -abbau, die Fehlererkennung auf Verbindungsebene, die Neuübertragung bereits gesendeter Daten im Fehlerfall und managt den Verbindungsablauf.

Mit Hilfe der Session-Schicht können darüber liegende Schichten beliebige Daten an Benutzer senden ohne sich darum kümmern zu müssen, ob die Daten auf dem Weg teilweise verloren gehen oder wie groß die einzelnen Pakete sein dürfen.

6. Die Darstellungsschicht kümmert sich um die Konvertierung syntaktisch unterschiedlicher Daten untereinander. Zudem werden hier nur zur Übertragung verwendete Datenformate gepackt und entpackt.

Insbesondere kümmert sich die Darstellungsschicht um die Verschlüsselung und die Kompression der Daten. Zudem können zum Beispiel Windows-Zeilenendungen in Unix-Zeilenendungen konvertiert werden wenn ein Windows mit einem Unix Rechner kommuniziert.

7. Die Anwendungsschicht stellt die Anwendungsdienste des Netzwerks bereit und ermöglicht dem Benutzer und Anwendungsprogrammen Zugriff auf das Netzwerk. In der Anwendungsschicht werden u.a. die Kommunikationspartner identifiziert und die notwendigen Ressourcen geholt.

Ein typischer Dienst in der Anwendungsschicht ist HTTP: Dieser holt eine Webseite von einem Webserver, identifiziert alle darin enthaltenen Ressourcen und holt diese ebenfalls vom Webserver.

Ein anderes Beispiel ist DNS: Dieses ermittelt zu einer gegebenen Domain (etwa htw-aalen.de) die zugehörige logische Adresse und identifiziert damit den Kommunikationspartner für diese Domain.

Beide Dienste werden im Folgenden noch näher besprochen.

Bei einem Sendevorgang werden die Schichten von oben her (also in der Reihenfolge 7, 6, 5, 4, 3, 2, 1) durchlaufen, bei einem Empfangsvorgang werden die Schichten von unten her durchlaufen.

Bestimmte Geräte, wie etwa Router, implementieren nicht alle Schichten, sondern können selbst in das OSI-Modell eingeordnet werden und müssen deshalb auch nur ihre eigene Schicht, sowie die Schichten darunter unterstützen.

	Data Unit	Layer	Funktion
Host Layers	Data	7. Application	Network process to application
		6. Presentation	Data representation, encryption and decryption, convert machine dependent data to machine independent data
		5. Session	Interhost communication, managing sessions between applications
	Segments	4. Transport	End-to-end connections, reliability and flow control
Media Layers	Packet/ Datagram	3. Network	Path determination and logical addressing
	Frame	2. Data link	Physical addressing
	Bit	1. Physical	Media, signal and binary transmission

Tabelle 1: OSI-Modell

1.2 TCP/IP

Das Internet Protocol (IP) ermöglicht die logische Adressierung von Netzwerkgeräten im Netzwerk. Aktuell dominiert die Version vier den Markt, allerdings wird aufgrund konzeptioneller Einschränkungen im Design von IPv4 ein globaler Umstieg auf IPv6 angestrebt. Der Marktanteil von IPv6 ist allerdings noch gering.

Bei IP wird jedem Netzwerkgerät eine logische Adresse, die IP-Adresse, zugewiesen. Diese ist (normalerweise) weltweit eindeutig, kann allerdings gewechselt werden und auch nacheinander mehreren Geräten zugewiesen werden. Ebenso ist es möglich, einem Gerät mehrere IP-Adressen zuzuweisen oder eine IP-Adresse mehreren Geräten zuzuweisen.

1.2.1 IPv4

Eine IP-Adresse ist bei IPv4 32 Bit lang und wird normalerweise im Format xxx.xxx.xxx.xxx notiert. Dabei ist xxx jeweils eine Dezimalzahl von 0 bis 255. Dadurch gibt es theoretisch etwa 4 Milliarden nutzbare IPv4-Adressen. Allerdings ist der nutzbare Adressraum in der Praxis deutlich kleiner, da sich durch die Konzeption von IPv4 ein erheblicher „Verschnitt" ergibt (Mehr dazu im Abschnitt). IP spezifiziert einen Header, den jedes IP-Paket trägt und in dem Informationen wie die Quell- und Zieladresse, die verbleibende „Lebenszeit" des Pakets, Prüfsummen und anderes übermittelt werden. Die „Lebenszeit" bestimmt, wie oft ein Paket weitergeleitet wird, bevor es verworfen wird. Dadurch können endlos kreisende Pakete vermieden werden. Auf den Aufbau dieses Headers wird hier allerdings nicht näher eingegangen.

IPv4-Adressen werden von der ICANN an die Organisationen RIPE (zuständig für Europa und Nordafrika), APNIC (zuständig für Asien) und ARIN (zuständig für die restliche Welt) vergeben. Diese vergeben sie weiter an Internet Service Provider, welche sie wiederum ihren Kunden zur Verfügung stellen.

1.2.1.1 IPv4-Netzklassen

IPv4 ordnet jede IP-Adresse einem Netzwerk zu. Diese Netzwerke besitzen eine eigene Adresse und einen Adressraum. Die Entwickler von IPv4 sahen zunächst vor, jedes Netzwerk einer von drei Klassen angehören sollte. Anhand dieser Klasse wird die IP-Adresse in eine Netzwerk- und eine Geräte-Adresse geteilt. Bei Klasse A-Netzen bilden die ersten acht Bit die Netzwerkadresse, wobei das erste Bit immer eine 1 ist, und die folgenden 24 Bit die Geräte-Adresse. Dadurch gibt es 126 Klasse A-Netze mit jeweils

16.777.214 IP-Adressen. Bei Klasse B-Netzen sind die ersten 16 Bit die Netzwerkadresse, deren erste zwei Bit sind auf 10 gesetzt und die folgenden 16 Bit sind die Geräteadresse. Dadurch ergeben sich 16.382 Klasse B-Netzwerke mit jeweils 65.534 IP-Adressen. Bei Klasse C-Netzwerken sind die ersten drei Bits auf 110 gesetzt und gehören zu einer 24-bittigen Netzwerkadresse, die von einer 8-Bit Geräteadresse gefolgt wird. Dadurch sind 2097150 Klasse C-Netze mit jeweils 254 IP-Adressen möglich.

Bei jedem Netz ist jeweils die erste Adresse, deren Geräte-Adresse vollständig aus Nullen besteht, als Adresse des Netzwerks und die letzte, deren Geräteadresse vollständig aus Einsen besteht, als Broadcast-Adresse reserviert. Auf der Broadcast-Adresse kann eine Nachricht an alle Teilnehmer des Netzwerks gesendet werden.

Da bei dem starren Klassenschema auch einer Organisation, die nur wenig mehr als z.B. die 254 in einem Klasse C-Netz möglichen Geräte betreibt gleich ein Netz der nächsthöheren Netzklasse zugewiesen werden muss entsteht hier ein großer Verlust an praktisch nicht nutzbaren IP-Adressen. Da das Internet allerdings zu einer nicht vorausgesehenen Größe angewachsen ist, ist in letzter Zeit eine Knappheit von IP-Adressen eingetreten. Deshalb wurden Techniken entwickelt, diesem „Verschnitt" zu begegnen. Zunächst wurden Netzwerkadressen variabler Länge eingeführt. Dabei wird die Anzahl der für die Netzwerkadresse verwendeten Bits separat angegeben. Meist wird sie mit einem Slash getrennt hinter die Adresse geschrieben. (CIDR-Notation) Z.B. Bezeichnet 192.168.1.34/24 das Gerät 1.34 im Netzwerk 192.168.1, welches eine 24-bittige Netzwerkadresse besitzt (und damit faktisch ein Klasse C-Netz ist). Im RFC 1519 wird die Vergabe von IP-Adressen in dieser Form beschrieben. (vgl. Sikora, 2003 Kap. 5.3)

1.2.2 IPv6

Die Adressknappheit bei IPv4 führte 1995 zur Entwicklung des Nachfolgers IPv6. Dieses nutzt einen Adressraum von 128 Bits, damit stehen 2128 IPv6-Adressen zur Verfügung, d.h. etwa 1,4 Millionen pro Quadratnanometer Erdoberfläche. Neben der Vergrößerung des Adressraums wurden noch weitere Veränderungen eingeführt:

- Der Header wurde verkleinert und vereinfacht. Zusatzfunktionalität wurde in optionale Extension Header ausgelagert. Dadurch sollen Router entlastet werden.
- Automatische Konfiguration von neuen Geräten im Netzwerk. Dadurch sollen Techniken wie DHCP überflüssig werden.
- Die Technik Mobile IP, die es mobilen Geräten ermöglicht, zwischen mehreren Netzen zu wechseln und dabei eine feste IP-Adresse zu behalten. (vgl. Wikipedia „Mobile IP")
- IPsec wurde Teil des IPv6-Standards, dies soll die Verschlüsselung und Authentifizierung von IP-Paketen ermöglichen.

Bei IPv6 entfällt die Unterteilung des Adressbereiches in Klassen von Netzwerken, es wird die CIDR-Notation verwendet. Außerdem stellen die ersten 64 Bit ein Netzwerkpräfix dar, welches für jedes Netzwerk eindeutig vergeben wird. Die folgenden 64 Bit stellen den Interface Identifier dar. Wird der Interface Identifier beibehalten, kann der Teilnehmer beim

Wechseln von einem Netz ins andere weiterhin identifiziert werden. Außerdem kann er mit demselben Interface Identifier zu mehreren Netzen gehören.

Da IPv6-Adressen länger beibehalten werden (können) wird IPv6 dafür kritisiert, die Verfolgung des Verhaltens von Nutzern zu erleichtern. Dagegen wurden die sogenannten Privacy Extensions spezifiziert, die einen regelmäßigen Wechsel des Interface Identifiers ermöglichen. Da im privaten Bereich allerdings oft bereits das Präfix eindeutig ist, fordert der Deutsche IPv6-Rat in seinen Datenschutzleitlinien, dass auch dieses zusammen mit dem Interface Identifier gewechselt wird.

RFC 4291 legt die schriftliche Notation von IPv6-Adressen wie folgt fest: Eine Adresse besteht aus acht Blöcken mit jeweils vier hexadezimalen Ziffern. Führende Nullen dürfen ausgelassen werden. Maximal einmal dürfen (auch mehrere) Blöcke die nur aus Nullen bestehen zu einem: zusammengefasst werden. Die letzten vier Bytes dürfen auch in der Dezimalnotation von IPv4 geschrieben werden, dadurch soll die Einbettung des IPv4-Adressraums erleichtert werden.

IPv6 und IPv4 können gleichzeitig innerhalb derselben Infrastruktur betrieben werden. Es stehen Übersetzungsmechanismen zur Verfügung, die es ausschließlich per IPv4 angebundenen Geräten ermöglichen, mit ausschließlich per IPv6 angebundenen Geräten zu kommunizieren.

IPv6 verbreitet sich nur langsam. Im Juni 2011 befanden sich nur etwa 6000 Präfixe in der globalen IPv6-Routingtabelle und nur etwa 11% der im Internet verfügbaren Autonomen Systeme routeten IPv6. Seit September 2012 vergibt die Deutsche Telekom IPv6-Anschlüsse an Neukunden.

1.2.3 Transmission Control Protocol

Das Transmission Control Protocol (TCP) stellt eine Verbindung zwischen zwei Netzwerkgeräten für einen Datenstrom zur Verfügung. Die wichtigsten Eigenschaften von TCP sind

- Zuverlässige Übertragung: TCP garantiert, dass die zu übertragenden Daten vollständig und fehlerfrei beim Empfänger ankommen. Außerdem wird garantiert, dass die korrekte Reihenfolge rekonstruierbar ist.
- Bidirektionaler Datenstrom: TCP überträgt Daten in beide Richtungen gleichzeitig und unabhängig voneinander.
- Transparenz: Der zu übertragende Datenstrom wird weder verändert noch interpretiert, sondern bitidentisch übertragen.
- Verbindungsorientiert: TCP-Verbindungen besitzen verschiedene Zustände in denen sie sich befinden können und TCP regelt die Zustandsverwaltung.

Es ist wichtig zu wissen, dass TCP keine Sicherheitsmaßnahmen implementiert und gezielte Störungen daher mit anderen Mitteln verhindert werden müssen.

1.3 Verbindungen

TCP ist ein verbindungsorientiertes Protokoll. Es kennt drei Zustände: Verbindungsaufbau, Übertragung und Verbindungsabbau. Der Verbindungsaufbau läuft so ab, dass der eine Partner ein Paket mit gesetztem SYN-Flag sendet, der andere Partner antwortet mit gesetztem SYN- und gesetztem ACK-Flag, was der erste Partner mit gesetztem ACK-Flag quittiert. Die Übertragung wird im Weiteren mit dem DATA-Flag gekennzeichnet.

1.4 Portnummern

Eine Portnummer ist eine 16 Bit lange Zahl, welche beim Verbindungsaufbau festgelegt wird und für die gesamte Verbindung Gültigkeit hat. Anhang der Portnummer kann die Anwendung mit der Verbindung aufgenommen werden soll identifiziert werden. Eine Portnummer kann pro Gerät immer nur von einer Anwendung benutzt werden. Es werden drei Bereiche von Portnummern unterschieden: Die ersten 1024 Ports außer Port 0 (welcher nicht verwendet wird) werden als Well-Known-Ports bezeichnet und werden von der IANA bestimmten Anwendungen zugeordnet. Sie sollen nicht für andere Anwendungen verwendet werden. Die Ports 1024 – 4999 werden Benutzerports genannt und werden üblicherweise von verschiedenen Anwendungen verwendet ohne dass diese sich dafür registriert hätten. Die restlichen Ports (5000-65535) werden als benutzerdefinierte Ports bezeichnet und können frei verwendet werden. Einige wichtige Portnummern sind in Tabelle 2: Wichtige Portnummern aufgeführt.

Portnummer	Dienst	Portnummer	Dienst
21	FTP	80	HTTP
22	SSH		
25	SMTP	443	HTTPS
42	DNS		
43	whois		

Tabelle 2: Wichtige Portnummern

1.5 User Datagram Protocol

Das User Datagram Protocol (UDP) ist ein weiteres Protokoll, welches einen Datenstrom zwischen zwei Endgeräten überträgt. Anders als TCP garantiert es aber nicht die Ankunft, noch die Reihenfolge der Ankunft der Packete. Es arbeitet ebenfalls transparent, stellt aber nur einen unidirektionalen Datenstrom bereit.

Durch diese Einschränkungen kommt UDP mit deutlich weniger Overhead aus. Es wird verwendet wenn einige Packetverluste akzeptiert werden können oder bei simplen Abfrage-Protokollen wie DNS. Z.B. nützt es Internet-Telefonie nichts, wenn ein verlorenes Packet nachträglich eingespielt wird.

1.6 Domain Name System

Das Domain Name System (DNS) ist ein System das zu einem Domainnamen eine oder mehrere IP-Adressen findet. Es ist verteilt und in zweifacher Hinsicht hierarchisch aufgebaut. Erstens ist das DNS in Zonen aufgeteilt, welche eine hierarchische Struktur besitzen und zweitens sind auch die Nameserver hierarchisch organisiert.

1.6.1 Aufbau des DNS

Ein Domainname wie z.B. www.htw-aalen.de besteht aus mehreren Domains, welche von rechts nach links durch Punkte getrennt angegeben wurden. de ist die Top-Level-Domain, htw-aalen die Second-Level-Domain und www die Third-Level-Domain. Dabei werden die Top-Level-Domains von der Organisation ICANN vergeben, die Second-Level-Domains von nationalen Registraren (für Deutschland die Denic) und die Third-Level-Domains von den Inhabern der jeweiligen Second-Level-Domain.

1.6.2 Namensauflösung

Die IP-Adresse zu einer Domain wird bei den so genannten Nameservern abgefragt. Soll die Domain http://www.htw-aalen.de aufgelöst werden so muss zunächst die IP-Adresse wenigstens ein Root-Nameserver bekannt sein. Dort kann die Adresse des für die TLD .die zuständigen Nameservers abgefragt werden. Bei dem so erhaltenen Nameserver wird dann der für htw-aalen zuständige Nameserver abgefragt. Dieser wiederum liefert die IP-Adresse von www.htw-aalen.de. Dabei können aber auch eigentlich unzuständige Nameserver Anfragen beantworten, da diese einen Cache implementieren.

Es ist auch möglich zu einer gegebenen IP-Adresse die zugehörige Domain zu finden. Dazu liest man die IP-Adresse rückwärts und hängt die Domain in-addr.arpa an. Bei der so entstandenen Domain kann nun die zur IP-Adresse gehörende Domain abgefragt werden.

Um zur IP-Adresse 12.34.56.78 also die Domain zu erfahren, muss bei 78.56.34.12.in-addr.arpa abgefragt werden.

1.7 Sicherheit

Da DNS keine Sicherheitsmaßnahmen vorsieht ist es einem Angreifer möglich, auf eine DNS-Anfrage auch selbst zu antworten. In diesem Fall wird meist die erste Antwort verwendet. Dadurch ist es möglich, einem Netzwerkteilnehmer eine falsche IP-Adresse unterzuschieben, was den Angreifer in eine Man-in-the-Middle-Position bringt. Es ist damit auch möglich, den Benutzer auf eine gefälschte Website zu locken und dort etwa Passwörter abzufangen.

1.7.1 Transport Layer Security

Transport Layer Security (TLS) ist ein Protokoll, das auf der Transportschicht angesiedelt ist und die Inhalte darüberlegender Schichten sicher überträgt und Nachfolger von SSL. Es kann somit die Inhalte beliebiger darüberlegender Protokolle schützen. Unterstützt wird die Verschlüsselung der Kommunikation, die Integrität der Nachrichten und die Authentifizierung beider Kommunikationspartner. Dazu wird asymmetrische Kryptografie für den Schlüsselaustausch, symmetrische Kryptografie für die Verschlüsselung der Nachrichten und Message Authentication Codes für die Sicherstellung der Integrität verwendet.

Da die meisten Protokolle auch ohne TLS genutzt werden können ist es notwendig, die Nutzung von TLS explizit zu machen. Dies kann entweder durch Nutzung einer entsprechenden Portnummer oder mittels eines protokollspezifischen Mechanismus geschehen.

Danach werden die zu verwendenden Algorithmen ausgehandelt. Dazu sendet der Client dem Server zunächst eine Nachricht mit seiner TLS-Version und den unterstützten Algorithmen.

Der Server antwortet mit entsprechenden Informationen, sowie seinem Zertifikat und fragt ggfs. ein Zertifikat des Clients an. Der Client prüft nun das Zertifikat des Servers und fragt den User ob er fortfahren möchte, falls das Zertifikat falsch ist. Der Client erzeugt nun einen vorläufigen Sitzungsschlüssel, verschlüsselt ihn mit dem Public Key des Servers und sendet ihn an den Server, ggf. zusammen mit seinem Zertifikat. Der Server authentifiziert jetzt den Client, falls notwendig, und beide berechnen den Sitzungsschlüssel auf Basis des vorläufigen Sitzungsschlüssels. Danach senden beide eine Nachricht, dass der Sitzungsschlüssel berechnet wurde und die weitere Kommunikation verschlüsselt geführt wird. Falls bei einem dieser Schritte ein Fehler auftritt, wird die Verbindung abgebaut.

1.7.2 Hypertext Transfer Protokoll

Das Hypertext Transfer Protokoll (HTTP) ist ein Protokoll zur Übermittlung von Webseiten. Es arbeitet auf der Anwendungsschicht. HTTP besteht aus Dokumenten (den Webseiten) die auf unterschiedlichen Servern liegen können. Die Webseiten können sich durch Links untereinander referenzieren und bilden so ein Netzwerk. Dieses Netzwerk wird World Wide Web genannt und ist lediglich eines von vielen Netzwerken im Internet.

Üblicherweise werden Webseiten in der Sprache HTML geschrieben, allerdings ist es inzwischen auch möglich beliebige Inhalte über HTTP zu transferieren.

HTTP wird vom World Wide Web Consortium (W3C) entwickelt und standardisiert. Die neueste Version ist HTTP/1.1 (Juni 1999) und ist in RFC 2616 definiert.

HTTP stellt einen Dienst dar, der auf Anfragen in einer Client-Server-Umgebung die gewünschten Dokumente liefert. Der Client ist bei Endbenutzern typischerweise ein Browser, es kann aber auch ein Dienst einer Suchmaschine wie Google sein, der den Suchindex auf den neuesten Stand bringt. Der Server ist normalerweise ein Webserver.

Webseiten werden durch URLs eindeutig identifiziert. Dabei wird http als Protokoll angegeben oder https wenn die Verbindung mit TLS verschlüsselt werden soll. Auf das Protokoll folgen die Domain und das Dokument. Zudem können optional noch ein Benutzername und Parameter als Schlüssel-Wert-Paare übergeben werden.

Ein Beispiel für eine solche URL ist: http://dict.leo.org/ende?lang=de&search=netzwerk. Dabei ist dict.leo.org die Domain /ende die Webseite und lang und search die Parameter mit Werten de bzw. Netzwerk.

In HTTP stellen Clients Anfragen (Requests) an Server, welche diese beantworten (Response).

HTTP-Version	Name	Beschreibung
HTTP/1.0	GET	Holt eine Webseite vom Server
HTTP/1.0	HEAD	Holt den Kopf eine Webseite vom Server (nützlich um Traffic zu sparen, wenn nur Metadaten gefragt sind)
HTTP/1.0	POST	Fügt den übermittelten Inhalt der Webseite hinzu (z.B. als Kommentar in einem Blog)
HTTP/1.1	OPTIONS	Erfragt die unterstützten Methoden
HTTP/1.1	PUT	Läd eine neue Webseite auf den Server
HTTP/1.1	DELETE	Löscht eine Webseite vom Server
HTTP/1.1	TRACE	Gibt den übermittelten Request zurück
HTTP/1.1	CONNECT	Öffnet eine permanente Verbindung mit dem Server

Tabelle 3: HTTP-Methoden

Dazu definiert HTTP verschiedene Methoden, welche in aufgeführt werden. Allerdings können auf HTTP aufsetzende Protokolle weitere Methoden spezifizieren (z.B. definiert WebDAV, ein Dienst für die Dokumentenbearbeitung und -Verwaltung im Web, neue Methoden die Verzeichnisse anlegen und Dokumente reservieren können).

Jede Response besitzt einen Statuscode, der Auskunft über den Status des Servers oder des Dokuments gibt. Es können fünf Klassen unterschieden werden: Die mit 1 beginnenden Statuscodes informieren darüber, dass ein Request erhalten und akzeptiert wurde und fortgefahren werden kann. Die mit 2 beginnenden Statuscodes informieren darüber, dass der Request in unterschiedlichen Formen erfolgreich bearbeitet wurde. Die mit 3 beginnenden Statuscodes informieren darüber, dass das angefragte Dokument verschoben wurde und wo es nun liegt und schlagen unterschiedliche Vorgehensweisen vor. Die mit 4 beginnenden Statuscodes weisen auf Fehler auf Clientseite hin, z.B. ein falsch formatierter Request. Die mit 5 beginnenden Statuscodes bezeichnen verschiedene Fehler auf Serverseite, z.B. eine nicht unterstützte HTTP-Methode.

HTTP ist als statusloses Protokoll konzipiert worden. Dies bedeutet, dass der Server keine Status-Informationen über mehrere Requests hinweg vorhalten muss. Dadurch wird die Performance optimiert. Allerdings benötigen moderne Webanwendungen oft solche Status-Informationen, etwa um Benutzer authentifizieren zu können. Hierzu wurden nachträglich weitere Methoden entwickelt, die hier aber nicht näher besprochen werden.

In HTTP wird klassischerweise nach jedem Request-Response-Paar die (TCP 5) Verbindung geschlossen. Seit HTTP/1.1 werden aber auch persistente Verbindungen unterstützt, die für mehr als eine Anfrage offen gehalten werden. Diese werden mit der CONNECT-Methode aufgebaut und

Allerdings haben sie den Nachteil, dass sie erheblichen Overhead benötigen und im Falle häufiger Verbindungsverluste auf Clientseite sehr viele Ressourcen unnötig reservieren. Dies kann auch für DoS-Angriffe verwendet werden.

HTTP kann mittels TLS verschlüsselt werden. Näheres zu TLS findet sich in Kapitel 1.7.1.

Ein HTTP-Request besteht aus:

- Einer Request-Line, welche die Methode, die HTTP-Version des Clients und gegebenenfalls weitere Informationen enthält.
- Beliebig vielen Headern
- Einer leeren Zeile
- Dem Body, soweit benötigt.
- Ein HTTP-Response besteht aus
- Einer Status-Line, welche den Status-Code, die HTTP-Version des Servers und gegebenenfalls weitere Informationen enthält.
- Beliebig vielen Headern
- Einer leeren Zeile
- Dem Body, soweit benötigt.

2 Grundlagen von Sockets

Ein Socket ist eine Schnittstelle des Betriebssystems um Netzwerkkommunikation Anwendungen zugänglich zu machen. Dabei wird für jeden Kommunikationsvorgang ein eigener Socket angelegt. Das Betriebssystem kümmert sich dabei um die Etablierung und Aufrechterhaltung der Kommunikation, so dass die Anwendung sich lediglich um die ausgetauschten Daten kümmern muss und lediglich zwei Datenströme sieht.

Ein Socket wird durch seinen Identifier, seine lokale Adresse, seine entfernte Adresse und die verwendeten Protokolle charakterisiert. Der Identifier ist eine eindeutige Nummer des Sockets. Die lokale Adresse ist die Adresse mit der der Kommunikationspartner das lokale Gerät anspricht. Die entfernte Adresse ist die Adresse mit der der Kommunikationspartner angesprochen wird. Üblicherweise jeweils eine IP-Adresse und eine Portnummer.

2.1 Arten von Sockets
Es gibt drei Arten von Sockets.

- Raw Sockets: Ein Raw Socket erlaubt das direkte Senden von IP-Paketen ohne, dass Protokolle der Transportschicht verwendet werden. Dies ermöglicht es, deren Mechanismen selbst zu implementieren und so spezielle Anforderungen umzusetzen oder nicht benötigten Overhead zu reduzieren. Ebenso können so neue Protokolle implementiert werden.
- Datagram Sockets: Ein Datagram Socket nutzt das UDP-Protokoll und ermöglicht es so, Pakete mit geringem Overhead zu versenden. Die Reihenfolge der Pakete beim Empfänger, ebenso wie die Ankunft beim Empfänger, kann nicht garantiert werden. Es wird keine Verbindung aufgebaut.
- Stream Sockets: Ein Stream Socket verwendet das TCP-Protokoll um eine Verbindung zwischen zwei Geräten bereitzustellen. Die Ankunft und Reihenfolge von Paketen wird gewährleistet.

2.2 Ablauf der Socket-Kommunikation
Die meisten Netzwerk-Socket-Implementierungen benutzen das Client-Server-Modell. Dabei wartet der Server darauf, dass Clients sich zu ihm verbinden und bietet diesen dann Dienste an.

Bei einem Client wird eine Kommunikation wie folgt aufgebaut:

1. Ein Socket wird erzeugt
2. Der Socket wird an die Adresse des Servers gebunden
3. Daten werden gesendet und empfangen

Bei einem Server wird eine Kommunikation wie folgt aufgebaut:

1. Ein Socket wird erzeugt
2. Der Socket wird an eine der Adressen des Servers gebunden.
3. Der Socket wartet nun an der spezifizierten Adresse auf Daten
4. Wenn Daten eintreffen werden sie akzeptiert oder verworfen
5. Daten können empfangen und gesendet werden

2.3 Nützliche Tools

In diesem Abschnitt werden einige Tools vorgestellt, die beim Arbeiten mit Sockets nützlich sein können.

2.3.1 Netstat

Netstat zeigt alle vorhandenen Sockets eines Systems an. Ohne Optionen wird unter Linux zu jedem Socket angezeigt, welches Protokoll verwendet wird, ob es sich um Client- oder Serversockets handelt, ob eine Verbindung besteht und welcher Sockettyp verwendet wird. Mit der Option -p kann zusätzlich der zugehörige Prozess und mit der Option „--numeric-ports" zusätzlich die Portnummern angezeigt werden.

Unter Windows werden ohne Optionen die Portnummer, die lokale und entfernte Adresse und der Status angezeigt. Mit der Option -o wird zusätzlich noch die Prozess-ID angezeigt, mit „–p" kann die Anzeige auf ein Protokoll beschränkt werden.

2.3.2 Netcat

Netcat erlaubt es, Daten über das Netzwerk zu transportieren. Die Daten werden dabei von der Standardeingabe gelesen und über die Standardausgabe ausgegeben. Es gibt verschiedene Implementierungen von Netcat, hier wird die übliche Funktionalität und Bedienung vorgestellt.

Netcat kann sowohl als Client wie auch als Server genutzt werden. Wird Netcat mit den Optionen „-l" und „-p [Port]" aufgerufen, so horcht es auf dem Port „[Port]", akzeptiert aber nur maximal eine Verbindung. Mit „-k" können mehrere Verbindungen akzeptiert werden. Mit „—allow" kann eine Anzahl Adressen angegeben werden, die als einzige berechtigt sind, Verbindungen aufzubauen. Es sollte beachtet werden, dass die Identität der Geräte nicht sicher verifiziert wird und deshalb keine sicherheitsrelevanten Aktionen hierauf basieren sollten. Mit „—deny" können entsprechend Hosts ausgeschlossen werden.

Werden als Argumente ein Zielserver und Zielport angegeben, so wird eine TCP-Clientverbindung zu diesem Server aufgebaut. Soll UDP verwendet werden, so muss „-u" angegeben werden. Der Server muss auf dem angegebenen Port horchen.

Mittels „—ssl" können SSL-gesicherte Verbindungen aufgebaut werden.

3 Implementierung von Sockets

3.1 Eine einfache Client-Anwendung in C

Der Client gehört zu einem häufig angewendeten Muster, dem Client-Server Muster. Dabei gibt es einen Server, welcher auf einem bestimmten Port auf Verbindungsanfragen über ein bestimmtes Protokoll horcht. Trifft eine Verbindungsanfrage ein und kommt eine Verbindung zu Stande, bietet der Server Funktionen oder Informationen an, welche der Client dann weiterverarbeiten kann. Programme, die eine Verbindungsanfrage senden, nennt man Clients. Entscheidend für den Erfolg dieses Konzeptes ist es, dass Server und Client auf unterschiedlicher Hardware an unterschiedlichen Orten zum Einsatz kommen können.

Implementiert wird das Client-Server Muster über Sockets. Im Folgenden wird gezeigt, wie ein einfacher Client in C für das Betriebssystem Linux implementiert werden kann. Grundsätzlich bedarf es der vier folgenden Schritte, bis der Client funktionsfähig ist.

1. Anfordern eines Sockets beim Betriebssystem.
2. Aufbau einer Verbindung zum Server.
3. Senden einer Anfrage.
4. Verbindung schließen.

Der erste Schritt wird mit der Funktion „int socket(int domain, int type, int protocol);" realisiert. Diese Funktion, verlangt drei Parameter:

- Domain
  - o Die Domain enthält die Angabe der Protokollfamilie. So gibt es zum Beispiel unterschiedliche Protokolle für IPv4, IPv6 oder Bluetooth.
- Type
  - o Der Type ist die Unterscheidung zwischen verbindungsorientierten und verbindungslosen Protokollen(UDP oder TCP).
- Protocol
  - o Im Prinzip reichen die oberen Angaben, um den Socket auszubauen. Da es aber auch noch unterschiedliche TCP- und UDP- Varianten gibt, können diese im dritten Parametes explizit ausgewählt werden.

Eine korrekte Implementierung mit IPv4, TCP und Standard verhalten:

```
int sockfd = socket(PF_INET, SOCK_STREAM, 0);
```

Formel 1: C socket()

Der zweite Schritt stellt nun die Verbindung her: Dies erfolgt über die Funktion „int connect (int socket, const struct sockaddr *adresse, int addrlen);". Auch diese Funktion verlangt drei Angaben:

- Socket
  - o Der erste Parameter erwartet einen Socket-Deskriptor, welcher mit der „socket" Funktion erstellt wurde.
- Adresse
  - o Der Adresse-Parameter ist die Spezifizierung des Servers. Folgende Informationen gehören dazu:
    - Der offizielle Servicename
    - Ein Stringarray mit eventuellen Aliasnamen zum Service, falls vorhanden.
    - Die Portnummer zum Servicenamen
    - Der Name des zu verwendenden Protokolls
- Der letzte Parameter ist ein Hilfsparameter, der die Größe der Informationen angibt.

Eine korrekte Implementierung wäre:

```
memset( &server, 0, sizeof(server)); //erzeugt Struktur
host_info = gethostbyname(Name); //wandelt Name in Adresse(IP) um.
memcpy((char*)&server.sin_addr, host_info->h_addr,
          host_info->h_length);     //fügt Adresse(IP) in Struktur ein
server.sin_family = AF_INET;        //setzt IPv4
server.sin_port=htons(PORT);        //setzt den Port
if(connect(sock,(struct sockaddr*)&server,sizeof(server)) < 0)
        error_exit("Kann keine Verbindung zum Server herstellen.
                 @:%d",__LINE__);
```

Formel 2: C Connect()

Der dritte Schritt ist besteht aus dem Senden der Anfrage. Dies geschieht mit der Funktion „ssize_t send (int socketfd, const void *data, size_t data_len, unsigned int flags);".

Diesmal gibt es vier Angaben zu spezifizieren, wobei der erste Parameter schon von der vorherigen Funktion bekannt ist.

- Data & Data_len
  - o Hier wird der Speicherbereich benannt, in dem die zu verschickenden Daten liegen, und im Anschluss daran die Größe des Bereiches.
- Im letzten Parameter können noch verschiedene Verhaltensweisen angepasst werde, zum Beispiel beim Senden von Fehlverhalten.

Die konkrete Implementierung sieht so aus:

```
if(send(sock, echo_string,echo_len,0)!=echo_len)
    error_exit("send() hat eine andere Anzahl von Bytes versendet als
erwartet.
                    @:%d", __LINE__);
```
Formel 3: C Send()

Der letzte Schritt besteht aus dem Schließen des Sockets. Dabei wird dem Betriebssystem mit der Funktion „int close(int s);" mitgeteilt, dass der Socket nicht mehr gebraucht wird. Eine komplette Anwendung der Befehle befindet sich in Kapitel 3.3.

3.2 Eine einfache Server-Anwendung in C

Grundlegend verwendet der Server die gleichen Funktionen wie der Client. So muss auch beim Server erst ein Socket beim Betriebssystem beantragt werden. Allerdings bedarf es noch drei weiterer Funktionen, die anwendungsfallspezifisch eingerichtet werden müssen.

1. Als erstes muss der Server nach dem Erzeugen des Sockets diesem noch eine Adresse zuweisen, damit der Client den Server finden kann.
2. Danach muss der Server auf eingehende Verbindungen horchen und diese annehmen.
3. Diese Verbindungen müssen verarbeitet werden.

Die erste Ergänzung ist das Setzen der Adresse mit Hilfe der Funktion „int bind(int s, const struct sockaddr name, int namelen);".Die Parameter sind identisch zu der „connect" Funktion vom Client(siehe 2).

Beispiel:

```
memset( &server, 0, sizeof (server));
server.sin_family = AF_INET;
server.sin_addr.s_addr = htonl(INADDR_ANY);
server.sin_port = htons(PORT);
if(bind(sock,(struct sockaddr*)&server, sizeof( server)) < 0)
```
Formel 4: C Bind()

Als Zweites wird mit der Funktion „int listen(int s, int backlog);"eine Warteschlange eingerichtet. Diese wartet dann auf eingehende Anfragen(siehe 13). Das Aufrufen der Funktion gestaltet sich einfach: Es werden zwei Parameter verlangt, zum einen der Socket und zum anderen die Anzahl der erlaubten Verbindungen.

Beispiel:

```
if(listen(sock, 5) == -1 )
    error_exit("Fehler bei listen. @:%d",__LINE__);
```
Formel 5: C Listen()

Als Letztes muss der Server die Verbindungen verarbeiten. Dazu holt der mit der Funktion „int accept(int s, struct sockaddr *addr, socklen_t addrlen);" aktive Verbindungen aus der Warteschlange und verarbeitet sie.

Beispiel:

```
Int fd = accept(sock, (struct sockaddr*)&client, (socklen_t*)&len);
    if (fd < 0)
            error_exit("Fehler bei accept. @:%d",__LINE__);
            printf("Bearbeite den Client mit der Adresse: %s\n",
                    inet_ntoa(client.sin_addr));
            echo( fd ); // Funktion zum Verarbeiten der Verbindung.
```

Formel 6: C Accept()

3.3 Cross-Plattform-Development in C und C++

Möchte man Sockets Plattform - übergreifend unter Windows und Linux einsetzen, muss man einpaar Dinge beachten. Zwar ist das Konzept der Sockets ursprünglich an einer unabhängigen Universität entwickelt worden und wird weitestgehend einheitlich verwendet, aber trotzdem gibt es kleine Unterschiede zwischen Linux und Windows.

Beim Client und beim Server muss unter Windows die Funktion „WSAStartup" immer als erstes aufgerufen werden. Mit Hilfe dieser Funktion wird der Socket initialisiert. Diese Funktion erlaubt es dem Entwickler, bei Bedarf, explizit ältere Implementierungen der Sockets anzusteuern. Dementsprechend muss auch beim Schließen darauf geachtet werden, dass die Funktion „WSACleanup" zusätzlich aufgerufen wird. Damit man wegen dieser kleinen Unterschiede nicht extra ein neues Programm schreiben muss, kann mit Präprozessor-Anweisungen umgebungsspezifischer Code kompiliert werden.

Code Beispiel:

```
#ifdef _WIN32
    WORD wVersionRequested;
    WSADATA wsaData;
    wVersionRequested = MAKEWORD (1, 1);
    if (WSAStartup (wVersionRequested, &wsaData) != 0)
        error_exit( "Fehler beim Initialisieren von Winsock");
    else
        printf("Winsock initialisiert\n");
#endif
...
#ifdef _WIN32
        closesocket(sock);
        WSACleanup();
#else
        close(sock);
#endif
```

Formel 7: Windows WSA

Auf der beigelegten DVD zu dieser Ausarbeitung findet sich ein komplettes Beispiel eines Client-Server-Sockets, welches den vorgestellten Code implementiert. Der Server übernimmt die Funktion eines Echo-Servers. Er wiederholt, was der Client gesendet hat.

Abbildung 1: Windows Cross-Plattform Echo-Server

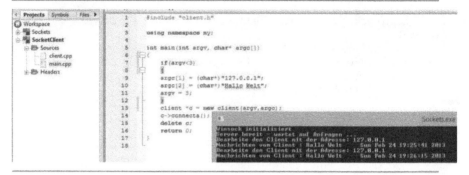

Abbildung 2: Linux Cross-Plattform Echo-Server

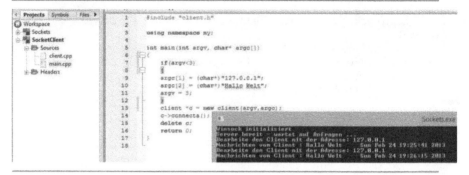

3.4 Cross-Plattform-Development in Java

3.4.1 Allgemeines

Java bietet indirekten Zugriff auf die Funktionalitäten, die im Umgang mit Sockets benötigt werden. Die angebotenen Klassen stellen eine deutliche Vereinfachung gegenüber dem direkten Zugriff über Betriebssystemfunktionen dar. Zudem ist die Zusammenarbeit mit anderen Klassen der Java-Standard-API einfach möglich.

3.4.2 Klassen und Methoden der Java-Standard-API

Alle hier vorgestellten Klassen finden sich in den Packages java.io und java.net der Java-Standard-API. Es wird nur auf das TCP-Protokoll eingegangen. Um mit Hilfe von Sockets über andere Protokolle (z.B. UDP, SSL/TLS) zu kommunizieren, werden teilweise andere Klassen und Methoden benötigt.

Bei den Beispielen wird auf das (manchmal notwendige) Abfangen von Exceptions nicht eingegangen. Stattdessen wird am Ende dieses Abschnitts etwas dazu gesagt. Zudem sind die Beispiele nur auszugsweise dargestellt und sind somit nicht lauffähig. Beides dient der Übersichtlichkeit.

Die Klasse ServerSocket wird benötigt, um einen TCP-Server zu erstellen. Im Konstruktor kann man die Portnummer, die verwendet werden soll, mitgeben. Die Methode „accept()" wartet solange, bis eine Client-Verbindung eintrifft, und verbindet den Server mit dem Client. Sie gibt ein Objekt der Klasse Socket zurück, welches die aktuelle Verbindung zwischen Client und Server darstellt. Um mehrere Verbindungen herzustellen, muss mit Threads gearbeitet werden, was später noch genauer erklärt wird. Im folgenden Beispielcode wird eine offene Verbindung am Port 13000 eingerichtet, dann wird auf eine eingehende Client-Verbindung gewartet:

```
ServerSocket serverSocket = new ServerSocket(13000);
Socket socket = serverSocket.accept();
```
Formel 8: Java Herstellen einer Verbindung – Serverseite

Um Client-seitig eine Verbindung herzustellen, wird ebenfalls ein Objekt der Klasse Socket benötigt. Dem Konstruktor, der dieses Objekt erzeugt, übergibt man die IP-Adresse des Servers und die Nummer des Ports, auf dem der Dienst des Servers läuft. Folgendes Beispiel zeigt das Herstellen einer Verbindung zu einem Localhost-Server:

```
Socket socket = new Socket("127.0.0.1", 13000);
```
Formel 9: Java Herstellen einer Verbindung – Clientseite

Über die Methoden (der Klasse Socket) „getInputStream()" bzw. „getOutputStream()" können der Ein- bzw. Ausgabestrom der Socketverbindung abgefragt werden. Dies funktioniert sowohl beim Client als auch beim Server gleichermaßen. Diese Ströme werden von allen Klassen benötigt, die Daten über das Socket senden oder empfangen.

Mithilfe der Klasse PrintWriter kann Text über das Socket gesendet werden, welche dazu unter anderem die Methode „println()" anbietet. Im folgenden Beispielcode wird ein PrintWriter erzeugt und eine Beispielnachricht abgesendet:

```
PrintWriter printWriter = new PrintWriter(socket.getOutputStream(), true);
printWriter.println("Hello World");
```
Formel 10: Java Senden von Nachrichten mithilfe eines PrintWriters

Der Konstruktor von PrintWriter erhält als ersten Parameter den Ausgabestrom des Sockets, als zweiten Parameter ein Flag, welches, falls es auf „true" gesetzt ist, einen automatischen Flush beim Senden von Daten aktiviert. Dies bedeutet, dass der Pufferspeicher des Sockets unmittelbar geleert und sein Inhalt versendet wird. So können keine unerwünschten Verzögerungen eintreten.

Will man die mithilfe von PrintWriter gesendeten Nachrichten empfangen, wird ein Objekt der Klasse BufferedReader benötigt. Mithilfe der Methode „readLine()" kann zeilenweise vom Socket gelesen werden. Im folgenden Beispiel wird der empfangene Text auf der Konsole ausgegeben:

```
BufferedReader        bufferedReader      =      new       BufferedReader(new
InputStreamReader(socket.getInputStream()));
String string = bufferedReader.readLine();
System.out.println(string);
```
Formel 11: Java Empfangen von Nachrichten mithilfe eines BufferedReaders

Der im Konstruktor von BufferedReader erzeugte InputStreamReader wird benötigt, um vom Socket lesen zu können, BufferedReader puffert die erhaltenen Daten dann (aus Effizienzgründen).

Meistens reicht es jedoch nicht aus, nur Text über ein Socket zu übertragen. Deshalb ist es in Java auch möglich, ganze Objekte zu senden und zu empfangen.

Um Objekte zu senden, wird die Klasse ObjectOutputStream benötigt. Voraussetzung ist, dass diese Objekte serialisierbar sind, d. h. sie implementieren das Interface Serializable. Im folgenden Beispiel wird ein Objekt der Klasse File (eine Klasse der Java-Standard-API zum Umgang mit Dateien) versendet:

```
File file;
...
ObjectOutputStream out = new ObjectOutputStream(socket.getOutputStream());
out.writeObject(file);
out.flush();
```
Formel 12: Java Senden von Objekten mithilfe eines ObjectOutputStreams

Um den ObjectOutputStream zu erzeugen, ruft man vom aktuellen Socket die Methode „getOutputStream()" auf und übergibt deren Resultat an den Konstruktor. Mithilfe von „writeObject()" wird das Objekt dann gesendet.

Nach dem Aufruf dieser Methoden ist es empfehlenswert, mithilfe der Methode „flush()" sicherzustellen, dass das Objekt auch sofort abgesendet wird. Wird „flush()" nicht aufgerufen, kann es passieren, dass das Objekt gar nicht oder verzögert übertragen wird.

Um Objekte über ein Socket zu empfangen, wird die Klasse ObjectInputStream benötigt. Auch dies soll anhand eines Beispiels gezeigt werden:

```
ObjectInputStream in = new ObjectInputStream(socket.getInputStream());
File file = (File)in.readObject();
```

Formel 13: Java Empfangen von Objekten mithilfe eines ObjectInputStreams

Die Erzeugung des Objekts funktioniert ähnlich dem ObjectOutputStream. Dann wird die Methode „readObject()" aufgerufen, welche ein Objekt vom Typ Object zurückliefert. Darauf wird ein Cast zum File-Objekt angewandt.

Da beim Arbeiten mit Sockets so gut wie immer auch Threads benötigt werden, soll auch zu diesen etwas gesagt werden. Zur Erzeugung von Threads gibt es in Java zwei grundsätzliche Möglichkeiten:

1.   Die aktuelle Klasse erbt von der Klasse Thread. Dies bietet sich dann an, wenn man eine Klasse nur als Thread verwenden will. Typischerweise wird dann unmittelbar im Konstruktor der Thread gestartet.
2.   Die aktuelle Klasse implementiert das Interface Runnable. Dies bietet sich an, wenn man Teilfunktionalitäten der Klasse als separaten Thread laufen lassen will.

In beiden Fällen ist es erforderlich, eine Methode run() zu implementieren, die dann aufgerufen wird, wenn der Thread mittels der Methode start() gestartet wird.

Beim Arbeiten mit Sockets müssen auch an verschiedenen Stellen Exceptions abgefangen werden. Dies wird mithilfe eines try-catch-Blockes realisiert. Typische Exceptions sind IOException und UnknownHostException. Genauere Informationen dazu finden sich in der offiziellen Java-Dokumentation. Entwicklungsumgebungen wie Eclipse bieten die Möglichkeit, automatisch try-catch-Blöcke zu erzeugen, und zeigen an, wo dies notwendig ist.

Programmbeispiel

Ziel ist es, eine Anwendung zu entwickeln, die es ermöglicht, Bilder mithilfe von Sockets an andere Personen zu versenden und anschließend darzustellen. So ist es z.B. möglich eine Art Diashow über ein Netzwerk zu veranstalten.

Die graphische Oberfläche wurde mithilfe von Java-Swing realisiert. Die Bilddatei-Übertragung findet über das TCP-Protokoll statt.

Die Anwendung besteht aus zwei Teilen:

• einem Server
• einem Client mit grafischer Benutzeroberfläche

Folgender Anwendungsablauf ist typisch:

1) Der Server wird gestartet.
2) Ein oder mehrere Benutzer starten die Client-Anwendungen und verbinden sich mit dem Server.
3) Versenden einer Bilddatei:

a) Ein Benutzer wählt mithilfe der Client-Anwendung eine Bilddatei aus, die er versenden möchte.

b) Diese wird dann über ein Socket an den Server übertragen.

c) Der Server sendet die Bilddatei dann an alle bei ihm registrierten Clients.

d) Alle Client-Anwendungen zeigen das Bild an, sobald sie es empfangen haben.

4) Ein oder mehrere Benutzer beenden die Client-Anwendung. Dies wird vom Server bemerkt, die Verbindung wird getrennt.

5) Der Server wird beendet.

Schritt 2 bis 4 können in beliebiger Reihenfolge und beliebig oft ablaufen, Voraussetzung für Schritt 3 und 4 ist allerdings, dass mindestens eine Client-Anwendung gestartet ist.

Folgende Abbildungen zeigen Screenshots der Client-Anwendung:

Abbildung 3: Screenshots der Anwendung (1)

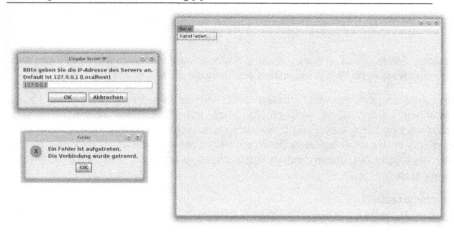

Beim Start der Anwendung muss zuerst die IP-Adresse des Servers eingegeben werden. Als Standard-Adresse ist der Localhost eingetragen. Falls beim Verbinden oder im späteren Programmablauf die Verbindung zum Server abbricht bzw. gar nicht hergestellt werden kann, wird eine Fehlermeldung angezeigt.

Über den Menüpunkt "Datei--->Datei laden..." wird ein Dateiauswahldialog gestartet, über den eine Bilddatei ausgewählt werden kann. Betätigt man den "Öffnen"-Button, wird das Bild über den Server an alle Clients verteilt und dort angezeigt.

21

Abbildung 4: Screenshots der Anwendung (2)

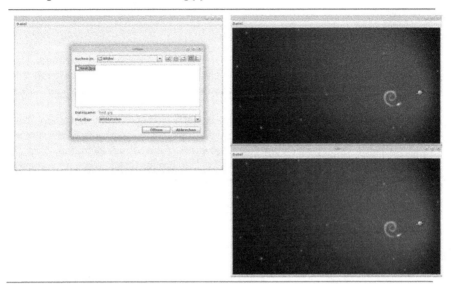

Folgendes UML-Diagramm soll den Aufbau der Anwendung deutlich machen:

Abbildung 5: UML-Diagramm

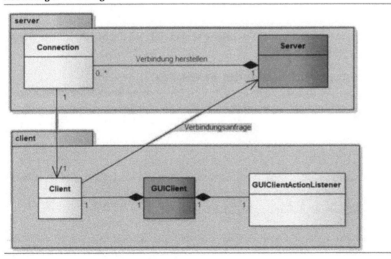

Die Anwendung besteht aus zwei Unteranwendungen, dem Server und dem Client, was im Diagramm mithilfe der UML-package-Notation dargestellt wird.

Die Klassen, die eine statische main-Funktion enthalten und beim Starten der jeweiligen Unteranwendung zuerst geladen werden, sind in türkiser Farbe markiert worden. Alle anderen Klassen sind von diesen Klassen abhängig, was durch die Kompositionsbeziehungen deutlich gemacht wurde.

Die Server-Anwendung besteht aus zwei Klassen:

- Die Klasse Server wartet in einem zusätzlichen Thread auf Verbindungsanfragen der Clients. Sobald eine Verbindungsanfrage eintrifft, wird ein neues Connection-Objekt erzeugt, welches selbst ein eigenständiger Thread ist.
- Die Klasse Connection verwaltet eine bestehende Verbindung zwischen Client und Server bis zum Verbindungsabbruch. In einer Endlosschleife wird dabei auf eingehende Bilddateien vom Client gewartet. Falls diese eintreffen, wird die Datei an das Server-Objekt weitergeleitet. Das Server-Objekt wiederum leitet die Bilddatei an alle bei ihm registrierten Client-Anwendungen weiter.

Die Client-Anwendung besteht aus drei Klassen:

- Die Klasse GUIClient ist für die Zeichnung der graphischen Oberfläche des Clients verantwortlich. Sobald ein GUIClient-Objekt erzeugt wird, werden auch je ein Objekt der Klasse Client und der Klasse GUIClientActionListener erzeugt.
- Die Klasse GUIClientActionListener ist von der Java-Swing-Klasse ActionListener abgeleitet und behandelt das Event, welches ausgelöst wird, wenn im Menü des Clients der Menüpunkt „Datei laden..." ausgewählt wird.
- Die Klasse Client ist für die Kommunikation mit der Server-Anwendung zuständig. Sie baut die Verbindung mit dem Server auf und sendet Bilddateien an den Server. In einem zusätzlichen Thread wird auf Bilddateien, die vom Server kommen, gewartet. Falls dies der Fall ist, wird das GUIClient-Objekt darüber informiert.

3.5 Vom Sockets zum Port-bindender Shellcode

Für die IT-Sicherheit ist das Konzept der Sockets von besonderer Bedeutung. Denn nicht nur Chat- oder Serverprogramme, sondern auch Maleware und Exploits, machen sich die Eigenschaften der Sockets zunutze. Während Maleware Sockets auf die in den vorhergehenden Kapiteln besprochene sprachspezifische Weise nutzen, setzen Exploits eine Ebene tiefer beim Betriebssystem an.

„In computing, an exploit is an attack on a computer system, especially one that takes advantage of a particular vulnerability that the system offers to intruders."
Quelle: http://searchsecurity.techtarget.com/definition/exploit, 20.02.2013

Im Folgenden soll am Beispiel eines Assembler-Sockets gezeigt werden, wie Sockets auf Linux Betriebssystemebene funktionieren. Da es hier um die Funktion der Sockets geht, ist das Beispiel stark vereinfacht.

In einem ersten Schritt, wird das einfache Programm *socketserver.cpp* betrachtet. Die genaue Funktionsweise wird in 3.2 ausführlich erklärt. Einer der inkludierten Header-Dateien ist die *unistd.h*, In ihr sind die Standard Posix Systemaufrufe definiert. Einer dieser Aufrufe ist der „socketcall". Dieser Systemaufruf ist der Einstiegspunkt für alle Socket

Funktionen und hat den Wert 102. Das heißt, alle vier Funktionsaufrufe (socket, bind, listen, accept) aus dem *socketserver.cpp* Programm verwenden intern den gleichen Systemaufruf (socketcall). In der Manpage steht dazu folgendes:

*„int socketcall(int call, unsigned long *args)...*
socketcall is a common kernel entry point for the socket system calls.“
Quelle: Manpage socketcall, 24.02.2013

Auf dieser Grundlage lässt sich nun ein Assemblercode erstellen der das *socketserver.cpp* Programm simuliert.

; s=socket(2,1,0)	Als erstes wird die Socket Funktion umgeschrieben:
push BYTE 0x66;	Der Systemaufruf 102(0x66) wird eingeleitet
pop eax	
cdq	
xor ebx, ebx;	Nachdem das allgemein verwendbare EBX Register gelöscht(0)
inc ebx;	wurde, wird es um 1 inkrementiert. Eins steht für den Typ des Socket-Aufrufs(socket()).
push edx;	Die folgenden drei Zeilen definieren die Übergabeparameter der
push BYTE 0x1;	Funktion „socket(PF_INET, SOCK_STREAM, 0)" in umgekehrter
push BYTE 0x2;	Reihenfolge aufgrund der little endian Architektur.
mov ecx, esp;	Im ECX Register wird die Adresse der Übergabeparameter erwartet. Da die Parameter oben auf dem Stack liegen, ist die Adresse gleich des Stack Pointer(ESP).
int 0x80;	Nachdem die Funktion im Speicher aufgebaut wurde, kann diese durch eine Unterbrechung(Interrupt handler 0x80) ausgeführt werden.
mov esi, eax;	Der Rückgabewert ist ein Pointer auf den Socket-Dateideskriptor, welcher im EAX Register liegt. Zum Speichern des Rückgabewertes wird der Pointer in das Allgemein verwendbare ESI Register übertragen.

Formel 14: Socket Funktion

;bind(s, [2, 31337,0], 16)	Als zweites wird die Bind Funktion umgeschrieben:
push BYTE 0x66;	Der Systemaufruf 102(0x66) wird eingeleitet
pop eax	
inc ebx	
push edx;	Neu ist an dieser Funktion, dass die Informationen des
push WORD 0x697a;	„sockaddr_in" Strucks ebenfalls im Speicher angelegt werden
push WORD bx;	müssen. Dies geschieht analog zu den Übergabeparametern.
mov ecx, esp;	Die Adresse der „sockaddr_in" wird zwischengespeichert, um
push BYTE 16	
push ecx;	sie als zweiten Aufrufparameter auf den Stack ablegen zu können.
push esi	
mov ecx, esp	
int 0x80	

Formel 15: Bind Funktion

24

Die noch fehlenden „listen" und „accept" Aufrufe gehen analog. Auf Grundlage eines solchen Assemblercodes lasst sich du assemblieren zum Beispiel mit „nasm" sehr einfacher Shellcode gewinnen. Eine genaue Anleitung würde den Rahmen dieser Ausarbeitung sprengen. Ein vollständiges Beispiel für das FreeBSD Betriebssystem findet sich zum Beispiel auf der Seite http://www.safemode.org/files/zillion/shellcode/doc/Writing_shellcode.html.

3.6 Sicherheit

Zuverlässige Protokolle (z.B. TCP) schützen zwar ziemlich gut vor zufällig auftretenden Fehlern bei der Übertragung von Daten (z.B. Paketverlust oder Bitübertragungsfehler), vor Veränderungen, die bewusst vorgenommen werden, schützen sie allerdings nicht

Im Folgenden werden einige Risiken des TCP-Protokolls aufgezeigt:

- Es ist keine protokollseitige Verschlüsselung vorhanden. Abhören ist somit möglich.
- "Man-in-the-middle"-Angriffe sind möglich: Ein Angreifer kann sich zwischen zwei Kommunikationspartner schalten und (unbemerkt) Pakete mitlesen oder verändern.
- "Denail-of-Service"(DOS)-Angriffe sind möglich: Dabei wird ein Server solange mit Anfragen überflutet, bis er zusammenbricht. Unter TCP ist dies möglich, weil die Absenderadresse, die beim Verbindungsaufbau verwendet wird, leicht gefälscht werden kann.

Dagegen kann man u.a. folgende Maßnahmen einsetzen:

- IPsec: Stellt eine Erweiterung des IP-Protokolls dar. Hinzugefügt werden vor allem kryptographische Eigenschaften, die beim IP-Protokoll nahezu gänzlich fehlen.
- SSL/TLS: Stellt eine Erweiterung des TCP-Protokolls dar und bietet ebenfalls zusätzliche kryptographische Eigenschaften.

4 Literaturverzeichnis

[1] OSI-Model URL: http://en.wikipedia.org/wiki/OSI-Model(besucht am 08.02.2013)

[2] HTTP URL: http://en.wikipedia.org/wiki/Hypertext_Transfer_Protocoll (besucht am 14.02.2013)

[3] TCP URL: http://en.wikipedia.org/wiki/Transmission_Controll_Protocoll(besucht am 13.02.2013)

[4] IPv6 URL: http://en.wikipedia.org/wiki/IPv6(besucht am 10.02.2013)

[5] DNS URL: http://en.wikipedia.org/wiki/Domain_Name_System(besucht am 12.01.2013)

[6] TLS URL: http://de.wikipedia.org/wiki/Transport_Layer_Security (besucht am 25.02.2013)

[7] Internet Socket URL:http://en.wikipedia.org/wiki/Internet_socket(besucht am 25.02.2013)

[8] Socket URL:http://www.linuxhowtos.org/C_C++/socket.htm (besucht am 25.02.2013)

[9] Windows Netstat URL: http://www.microsoft.com/resources/documentation/windows/xp/all/proddocs/en-us/netstat.mspx?mfr=true (besucht am 25.02.2013)

[10] Manpages zu netcat und netstat, (besucht am 25.02.2013)

[11] Roland Bless u.a., „Sichere Netzwerkkommunikation" 2005 Springer-Verlag

[12] Axel Sikora, „Technische Grundlagen der Rechnerkommunikation - Internet-Protokolle und Anwendungen", Fachbuchverlag Leipzig, 2003

[13] WSAStartup function URL: http://msdn.microsoft.com/en-us/library/windows/desktop/ms742213(v=vs.85).aspx (besucht am 25.02.2013)

[14] Sending Data URL: http://www.gnu.org/software/libc/manual/html_node/Sending-Data.html#Sending-Data (besucht am 24.02.2013)

[15] Jon Erickson, "Hacking – Die Kunst des Exploids" dpunkt.verlag, 2009

[16] Jürgen Wolf, "C von A bis Z", Galileo Computing URL: http://openbook.galileocomputing.de/c_von_a_bis_z